FÜR MEINEN

HERZENSMENSCHEN

ES GIBT MENSCHEN, DIE
PASSEN EINFACH
PERFEKT INS HERZ.

Menschen
wie
du!

ICH BIN

sooo froh,

DASS ES
DICH GIBT!

DU BIST MEIN
ABSOLUTER

Herzensmensch!

DU STELLST
MEINE WELT
AUF DEN
KOPF

... UND DOCH FÜHLT SICH DANK DIR

ALLES RICHTIG

AN.

ICH BIN
JEDEN TAG

SO
HAPPY,

DASS AUS
»DU« UND »ICH«
EIN ZIEMLICH

FANTASTISCHES

»WIR«

GEWORDEN IST.

ES GIBT SO VIELE PLANETEN,
LÄNDER UND MENSCHEN ...

UND DOCH HABEN
WIR ZWEI UNS GEFUNDEN.

Hurra!

DU BIST
WIE EIN 6ER
IM LOTTO.
NUR BESSER!

DU UND
ICH ...

HAND IN HAND
EIN LEBEN
LANG!

NUR MIT DIR WÜRDE ICH
BIS ZUM ENDE
DER WELT LAUFEN –

UND WIEDER ZURÜCK.

AUCH WENN
DER WEG MAL
MAL
HOLPRIG
WIRD ...

HAUPTSACHE,
WIR GEHEN IHN
ZUSAMMEN.
Dann kann uns
nichts aufhalten!

~~„Das schaffe ich nicht“~~?

Gibt’s bei uns nicht!

DENN

WIR

SCHAFFEN ALLES
ZUSAMMEN.

ICH BIN DEIN GRÖßTER FAN UND DU MEINER.

DU STEHST IMMER HINTER
MIR UND FEUERST MICH AN.
SELBST, WENN MEINE
GLORREICHEN IDEEN MANCHMAL
ETWAS FRAGWÜRDIG SIND.

Gemeinsam

LASSEN WIR AUS

UNSEREN
KÜHNSTEN
Träumen
WIRKLICHKEIT
WERDEN.

MIT DIR AN MEINER
SEITE KANN ICH

jedes

Abenteuer

BESTEHEN.

DENN NIEMAND
SONST IST SO

MUTIG,
GEDULDIG &
einfallsreich
WIE DU!

AUCH WENN ES
NICHT IMMER EINFACH
IST UND AUCH MAL

DIE
FETZEN
FLIEGEN...

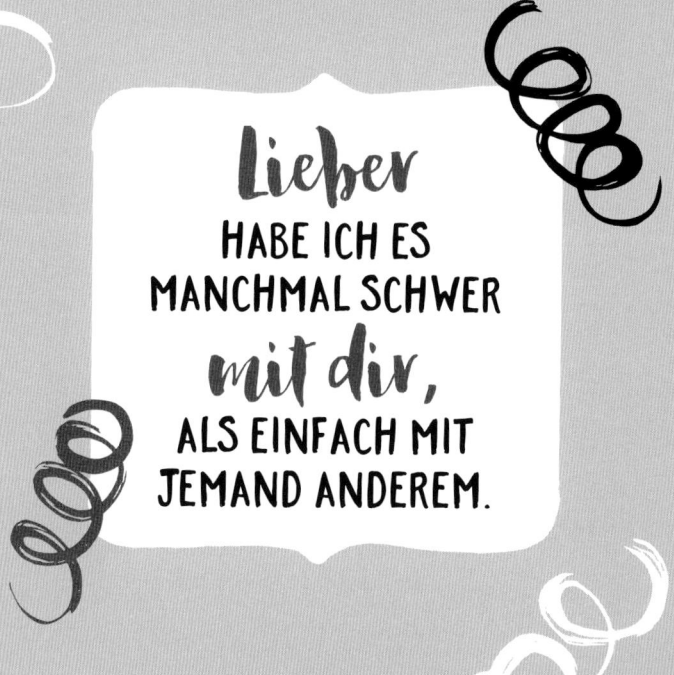

Lieber
HABE ICH ES
MANCHMAL SCHWER
mit dir,
ALS EINFACH MIT
JEMAND ANDEREM.

ICH BRAUCHE KEIN
VOLLES BANKKONTO,
KEIN FLUGTICKET
IN DIE KARIBIK,
KEIN LUXUSHAUS ...

DU

BIST MEINE GANZ
PERSÖNLICHE
DEFINITION VON

GLÜCK.

WÜRDE ICH
EIN LEXIKON
SCHREIBEN, DANN
WÄRE AUF DER

SEITE VON
"Große Liebe"
EIN BILD VON DIR
ZU FINDEN.

DU BRINGST MEIN
HERZ ZUM

LÄCHELN

UND MEINEN MUND ZUM

LACHEN.

UNSER GETEILTER HUMOR
UND UNSERE
GENIALEN WITZE SIND
UNSCHLAGBAR!

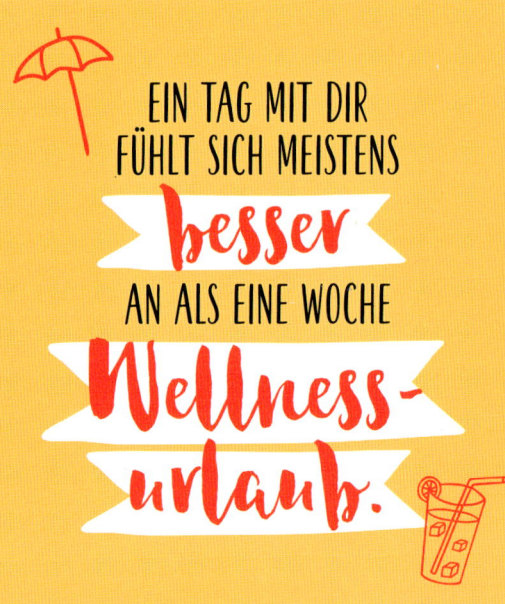

EIN TAG MIT DIR
FÜHLT SICH MEISTENS
besser
AN ALS EINE WOCHE
*Wellness-
urlaub.*

Du zauberst jeden Stress einfach davon!

EGAL, WAS AUCH PASSIERT...

EINE RUNDE

Kuscheln

ZU ZWEIT
REPARIERT FAST
ALLES WIEDER!

Du tust mir
einfach gut.

EINE UMARMUNG
VON DIR IST

magisch!

SIE VERWANDELT MEINE
GRAUE WELT SOFORT IN EIN
BUNTES FARBENMEER.

EGAL, OB IM
URLAUB AM MEER
ODER AN EINEM
NORMALEN MONTAGABEND
AUF DEM SOFA ...

Mit dir

KANN ICH DIE

schönsten

Erinnerungen

SAMMELN.

MEIN ZUHAUSE?
DAS BIST DU.

NUR IN DEINEN
ARMEN BIN ICH
GENAU DORT,
WO ICH HINGEHÖRE.

DU AKZEPTIERST
MEINE SCHWÄCHEN
UND KLEINEN
FEHLER NICHT NUR.
DU MAGST
SIE SOGAR!

→MEISTENS ZUMINDEST.

Danke,

DASS ICH BEI
DIR EINFACH ICH
SEIN KANN.

WIR ZWEI SIND
ZWAR NICHT

PERFEKT

ABER WENN WIR MAL
EHRLICH SIND –

WAS FÜR EIN
Glück,
DASS WIR GLEICHZEITIG
am Leben
SIND!

DOCH IM

nächsten Leben

FINDEN WIR UNS

noch früher.

VERSPROCHEN!

GANZ EGAL, WAS
DIE ZUKUNFT BRINGT...
*dich halt
ich fest!*

DENN DIR GEHÖRT
MEIN HERZ,
LIEBSTER
HERZENSMENSCH.

**Wir von GROH wollen die Welt
ein bisschen verschönern – mit liebevollen
Geschenken, die glücklich machen.**

GROH.DE

@die_geschenkverlage

Bildnachweis: Cover: Shutterstock.com; Innenteil: Shutterstock.com

Text: Kristin Funk
Layout & Satz: Marika Haustein, ki36
Gesamtherstellung: Drukarnia Dimograf Sp. z o.o., Bielsko Biała

Für meinen Herzensmenschen
GTIN 978-3-8485-0291-2
© 2024 Groh Verlag. Ein Imprint der Verlagsgruppe
Droemer Knaur GmbH & Co. KG, München
www.groh.de

MIX
Papier | Fördert
gute Waldnutzung
FSC® C018236

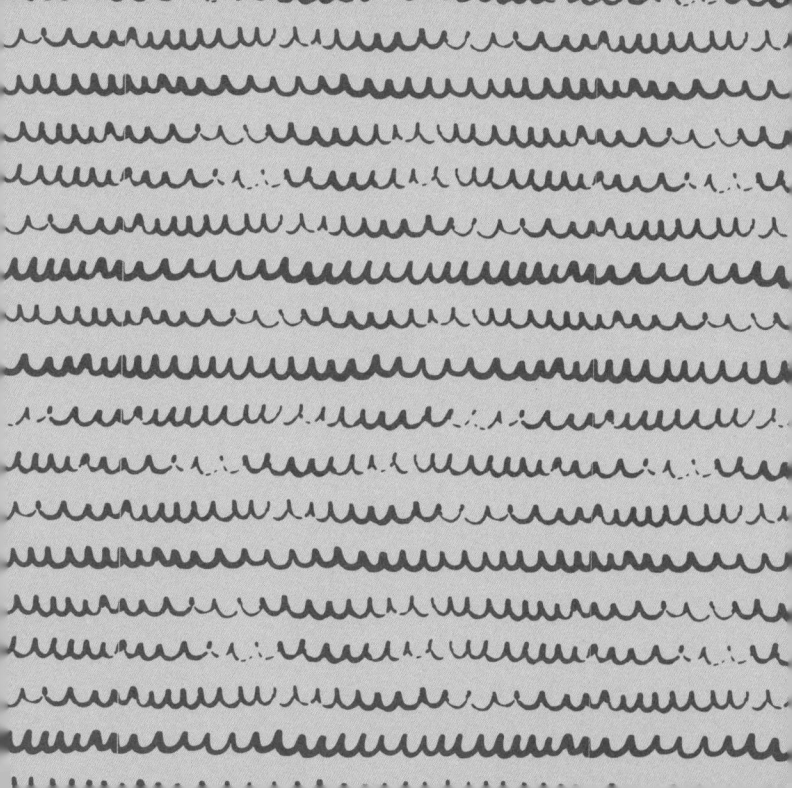